Impressum
Verlag: BABADADA GmbH, Nedderfeld 112 , 22529 Hamburg
Geschäftsführer / Verlagsleitung: Harald Hof
Druck: Books on Demand GmbH, In de Tarpen 42, 22848 Norderstedt

Imprint
Publisher: BABADADA GmbH, Nedderfeld 112 , 22529 Hamburg, Germany
Managing Director / Publishing direction: Harald Hof
Print: Books on Demand GmbH, In de Tarpen 42, 22848 Norderstedt, Germany

škola
School

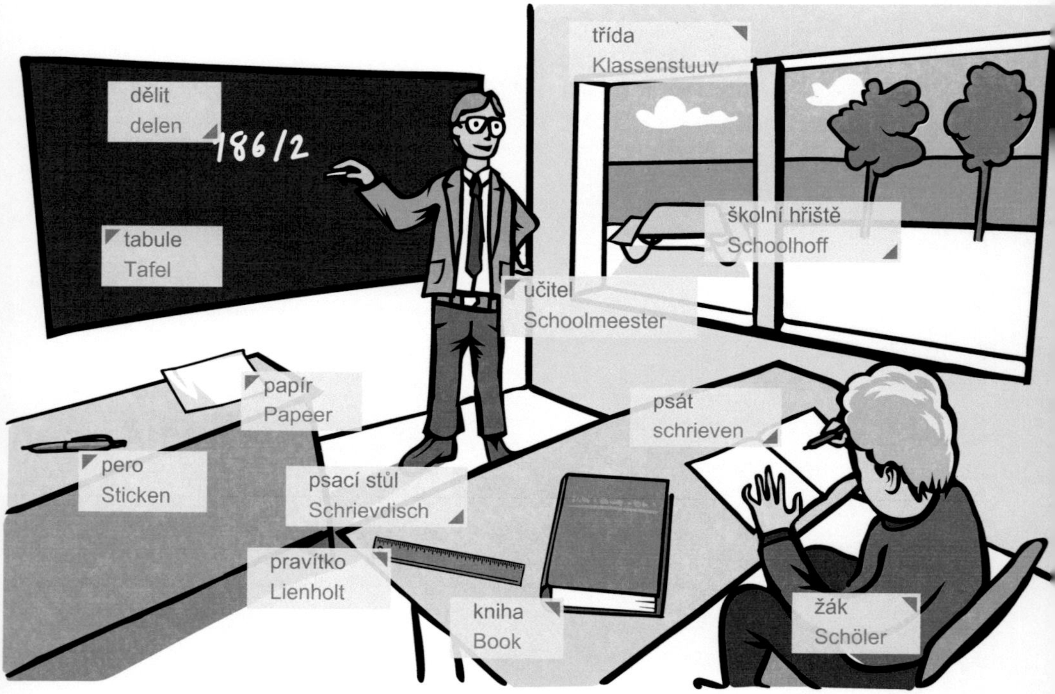

dělit
delen
186/2
tabule
Tafel
třída
Klassenstuuv
školní hřiště
Schoolhoff
učitel
Schoolmeester
papír
Papeer
psát
schrieven
pero
Sticken
psací stůl
Schrievdisch
pravítko
Lienholt
kniha
Book
žák
Schöler

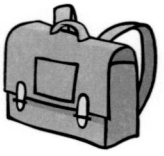

aktovka

Ranzel

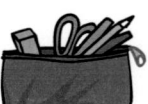

penál

Feddermapp

tužka

Bleesticken

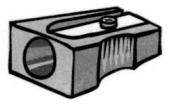

ořezávátko

Scharpmaker

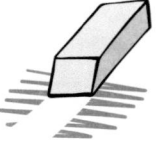

guma

Radeergummi

blok na kreslení

Tekenblock

výkres

Teken

štětec

Pinsel

malířské potřeby

Malkassen

nůžky

Scheer

lepidlo

Klever

cvičebnice

Heft to'n Öven

domácí úkol

Huusopgaav

12

počet

Tall

2+2

sčítat

tohooptellen

5-2

odčítat

aftrecken

2×2

násobit

malnehmen

počítat

reken

písmeno

Bookstaav

ABCDEFG HIJKLMN OPQRSTU VWXYZ

abeceda

ABC

hello

slovo

Woort

text

Text

číst

lesen

křída

Kried

hodina

Stunn

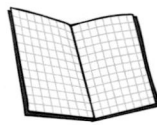

třídní kniha

Klassenbook

zkouška

Pröven

vysvědčení

Tüügnis

školní uniforma

Schooluniform

vzdělání

Utbillen

encyklopedie

Nakieksel

univerzita

Universität

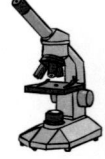

mikroskop

Mikroskop

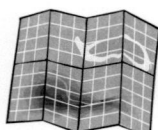

karta

Koort

odpadkový koš na papír

Papeerkorf

škola - School

cesta
Törn

hotel
Hotel
Grand
ubytovna
Harbarg
ROOMS
EXCHANGE
směnárna
Wesselstuuv
kufr
Kuffer
auto
Auto

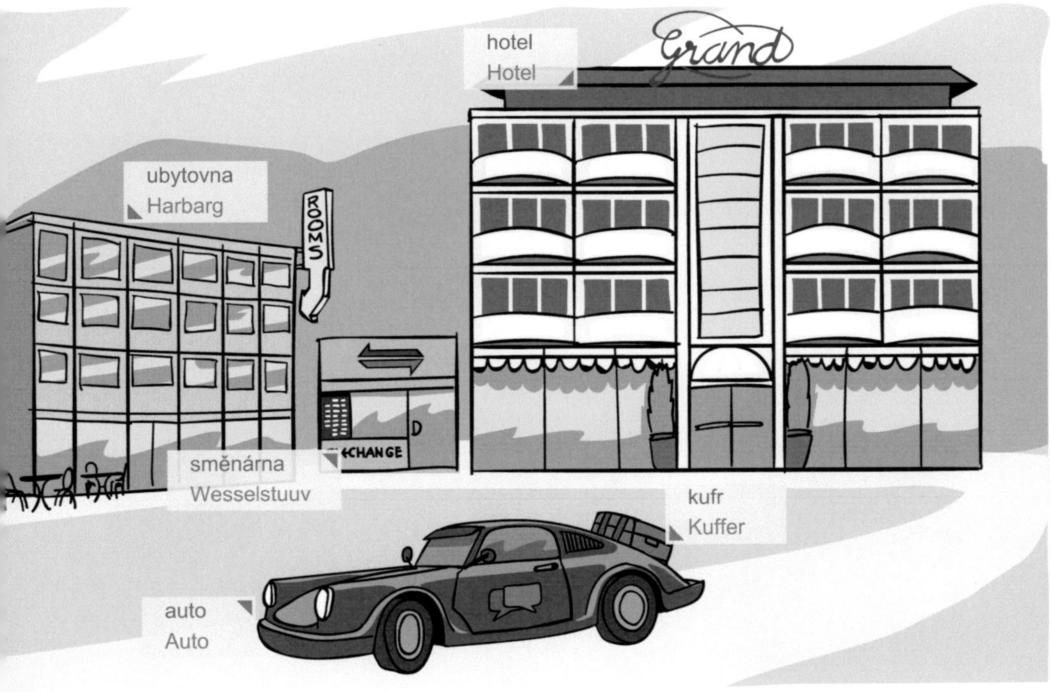

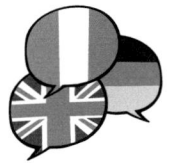

jazyk

Spraak

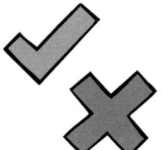

ano / ne

jo / ne

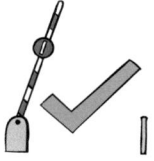

oukej

Jo

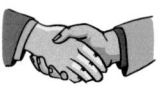

Ahoj!

Moin

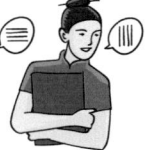

překladatel

Översetter

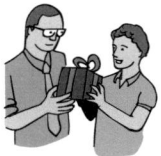

děkuji

Dank ok

Kolik stojí...?

Wat kost...?

nerozumím

Ik verstah nich

problém

Problem

Dobrý večer!

Goden Avend

Dobré ráno!

Moin!

Dobrou noc!

Gode Nacht!

na shledanou

Tschüüs

směr

Richt

zavazadlo

Bagaasch

taška

Tasch

batoh

Rüchsack

host

Gast

pokoj

Stuuv

spací pytel

Slaapsack

stan

Telt

turistické informace

Touristeninformatschoon

pláž

Strand

kreditní karta

Kreditkoort

snídaně

Fröhstück

oběd

Meddageten

večeře

Avendeten

jízdenka

Fohrkort

výtah

Fohrstohl

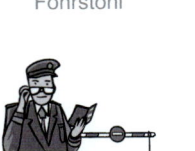

poštovní známka

Breefmark

hranice

Grenz

clo

Toll

poselství

Bottschop

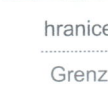

vízum

Visum

pas

Pass

transport

Transport

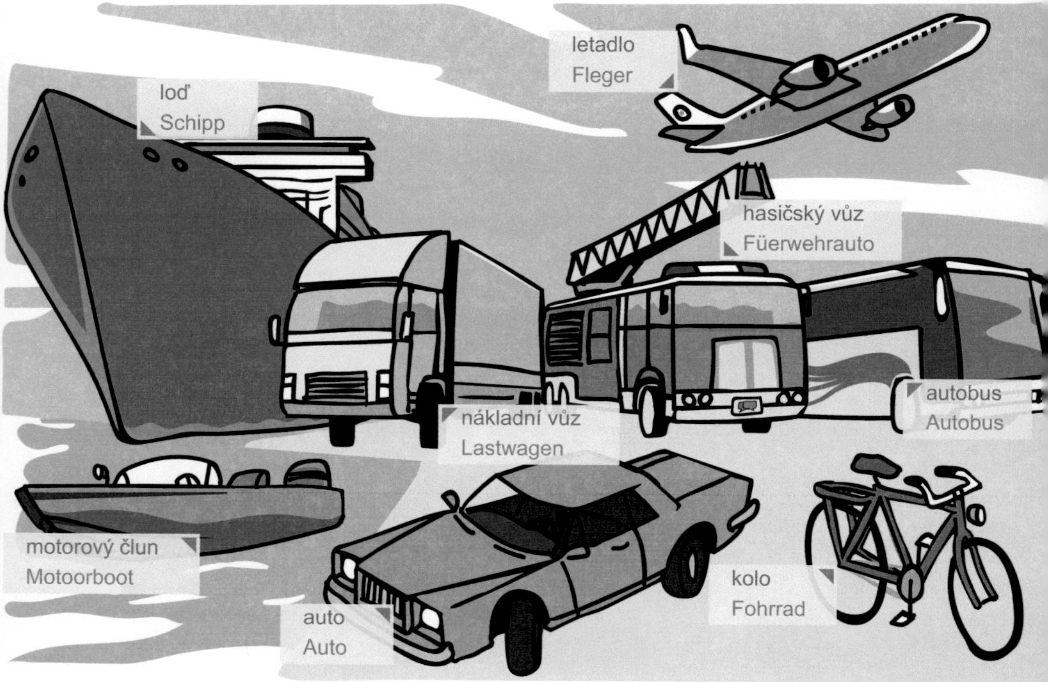
letadlo
Fleger
loď
Schipp
hasičský vůz
Füerwehrauto
autobus
Autobus
nákladní vůz
Lastwagen
motorový člun
Motoorboot
kolo
Fohrrad
auto
Auto

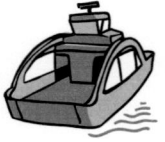

přívoz

Fähr

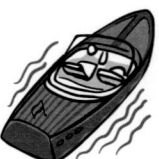

člun

Boot

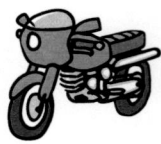

motorka

Motoorrad

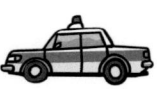

policejní auto

Polizeiauto

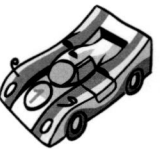

závodní auto

Rönnauto

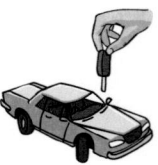

pronajaté auto

Lehnwagen

sdílení aut

Carsharing

odtahová služba

Afsleepwagen

popelářský vůz

Müllauto

motor

Motoor

palivo

Kraftstoff

čerpací stanice

Tanksteed

dopravní značka

Verkehrsschild

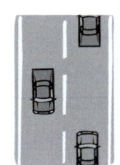

doprava

Verkehr

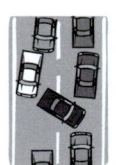

dopravní zácpa

Stau

parkoviště

Afstellplatz

vlakové nádraží

Bahnhoff

koleje

Sporen

vlak

Tog

tramvaj

Stratenbahn

vagón

Wagon

helikoptéra

Dwarsmöhl

letiště

Flooghaven

věž

Tower

pasažér

Fohrgast

kontejner

Grootkist

kartón

Karton

trakař

Koor

koš

Korf

vzlétnout / přistát

starten / lannen

město

Stadt

vesnice

Dörp

střed města

Binnenstadt

dům

Huus

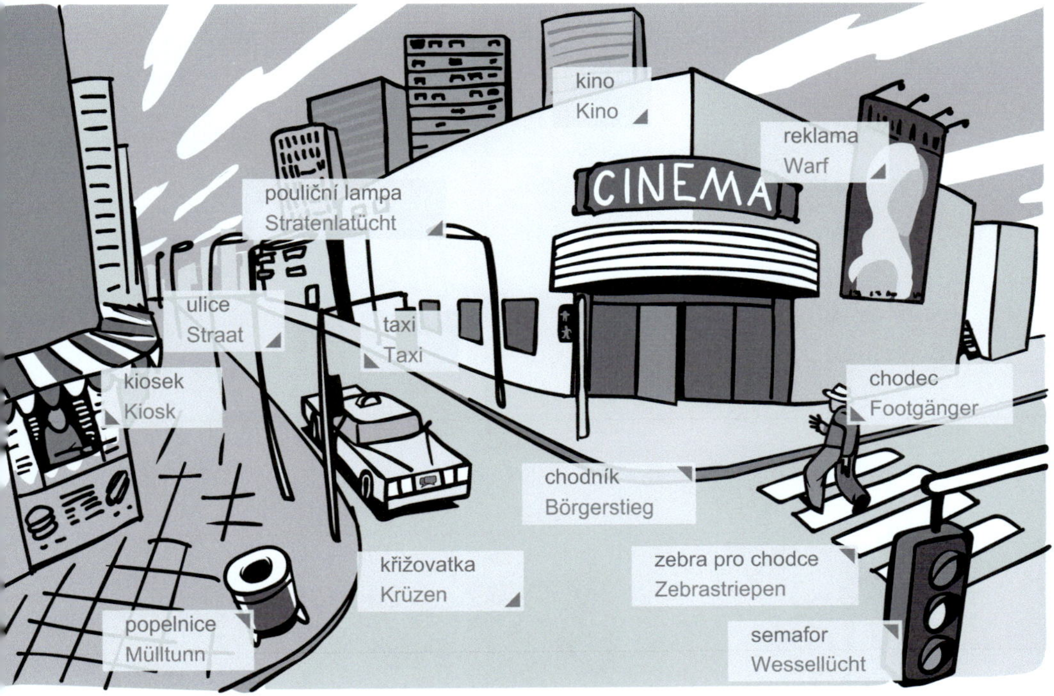
kino
Kino
CINEMA
reklama
Warf
pouliční lampa
Stratenlatücht
ulice
Straat
taxi
Taxi
kiosek
Kiosk
chodec
Footgänger
chodník
Börgerstieg
křižovatka
Krüzen
zebra pro chodce
Zebrastriepen
popelnice
Mülltunn
semafor
Wessellücht

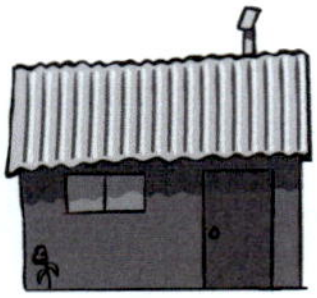

chata

Hütt

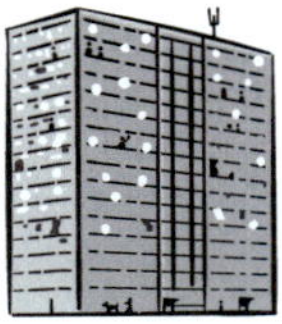

byt

Wahnung

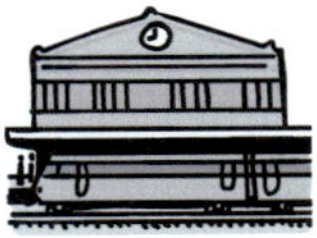

vlakové nádraží

Bahnhoff

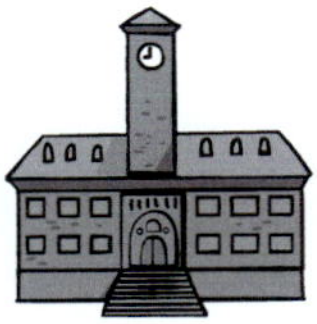

radnice

Raathuus

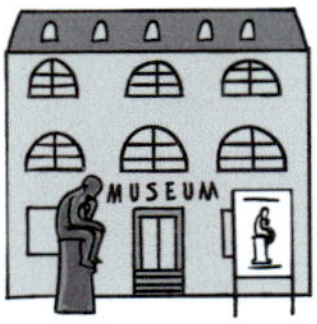
MUSEUM

muzeum

Museum

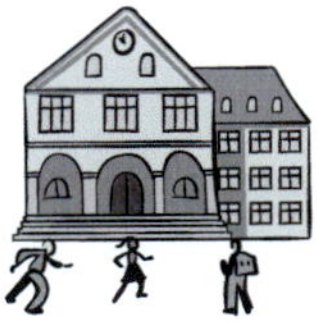

škola

School

univerzita

Universität

banka

Bank

nemocnice

Krankenhuus

hotel

Hotel

lékárna

Afteek

kancelář

Büro

knihkupectví

Bookhökerie

obchod

Hökerie

květinářství

Blomenhökerie

supermarket

Supermarkt

tržnice

Markt

obchodní dům

Koophuus

rybárna

Fischhökerie

nákupní centrum

Inkoopszentrum

přístav

Haven

park

Parkanlaag

lavička

Bank

most

Brüch

schody

Trepp

metro

Ünnergrundbahn

tunel

Tunnel

autobusová zastávka

Busstoppsteed

bar

Bar

restaurace

Spieslokal

poštovní schránka

Breefkassen

pouliční tabule

Stratenschild

parkovací hodiny

Parkklock

zoo

Deertenpark

plovárna

Baadanstalt

mešita

Moschee

usedlost
....
Buernhoff

znečišťování životního
prostředí
Ümweltversmudden

hřbitov
....
Karkhoff

církev
....
Kark

hřiště
....
Speelplatz

chrám
....
Tempel

krajina
Landschop

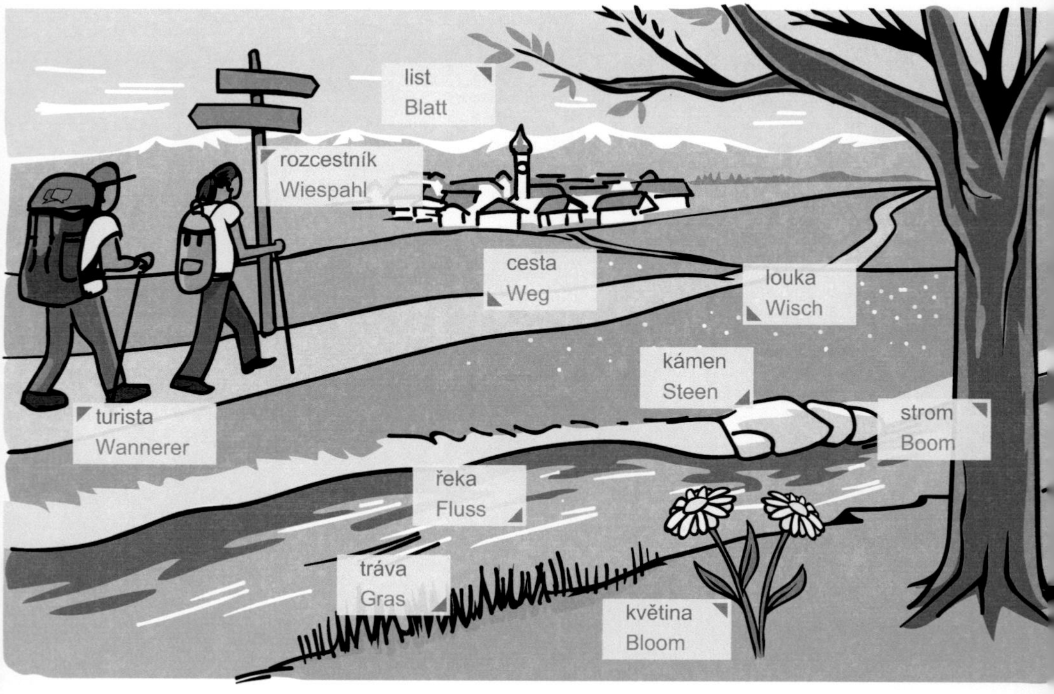

list
Blatt

rozcestník
Wiespahl

cesta
Weg

louka
Wisch

kámen
Steen

turista
Wannerer

strom
Boom

řeka
Fluss

tráva
Gras

květina
Bloom

údolí

Daal

hora

Barg

jezero

See

les

Holt

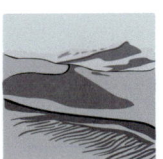

poušť

Wööst

sopka

Füerspien Barg

zámek

Slott

duha

Regenbagen

houba

Poggenstohl

palma

Palm

komár

Steekmück

moucha

Fleeg

mravenec

Miegeemk

včela

Imm

pavouk

Spinn

brouk

Sebber

žába

Pogg

veverka

Katteker

ježek

Swienegel

zajíc

Haas

sova

Uul

pták

Vagel

labuť

Swaan

divoké prase

Wildswien

jelen

Hirsch

los

Elk

přehrada

Staudamm

větrné kolo

Windrad

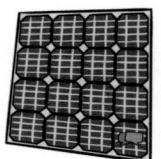

solární panel

Solarmodul

podnebí

Klima

restaurace
Spieslokal

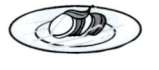

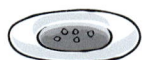

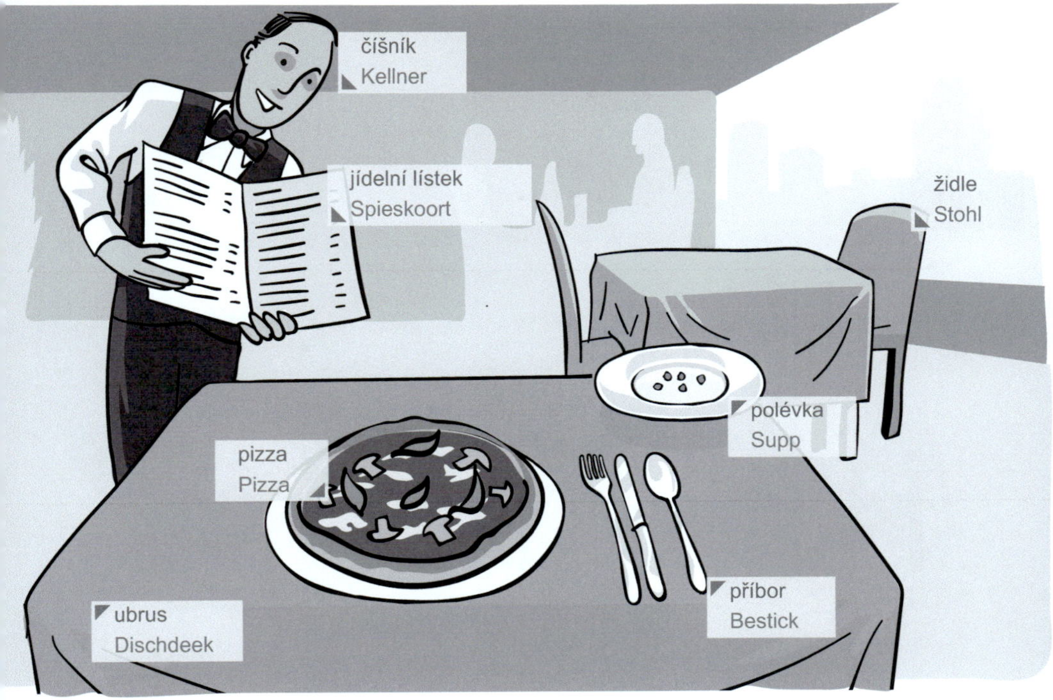
číšník
Kellner
jídelní lístek
Spieskoort
židle
Stohl
polévka
Supp
pizza
Pizza
příbor
Bestick
ubrus
Dischdeek

předkrm

Vörspies

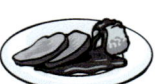

hlavní chod

Haupteten

dezert

Nadisch

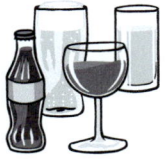

nápoje

Drünk

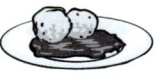

jídlo

Eten

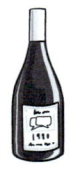

láhev

Buddel

rychlé občerstvení

Fastfood

pouliční občerstvení

Strateneten

čajová konvice

Teekann

cukřenka

Zuckerdoos

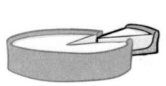

porce

Portschoon

kávovar na espresso

Espressomaschien

dětská stolička

Hoochstohl

faktura

Reken

tác

Tablett

nůž

Mess

vidlička

Gavel

lžíce

Lepel

čajová lyžička

Teelepel

ubrousek

Munddook

sklenička

Glas

talíř

Töller

talíř na polévku

Suppentöller

podšálek

Ünnertass

omáčka

Sooß

slánka

Soltstreuer

mlýnek na pepř

Pepermöhl

ocet

Etig

olej

Ööl

koření

Krüder

kečup

Ketchup

hořčice

Mostrich

majonéza

Mayonnaise

supermarket
Supermarkt

nabídka
Anbott
FOR
zákazník
Kunn
mléčné výrobky
Melkprodukten
ovoce
Aaft
nákupní vozík
Inkoopswagen

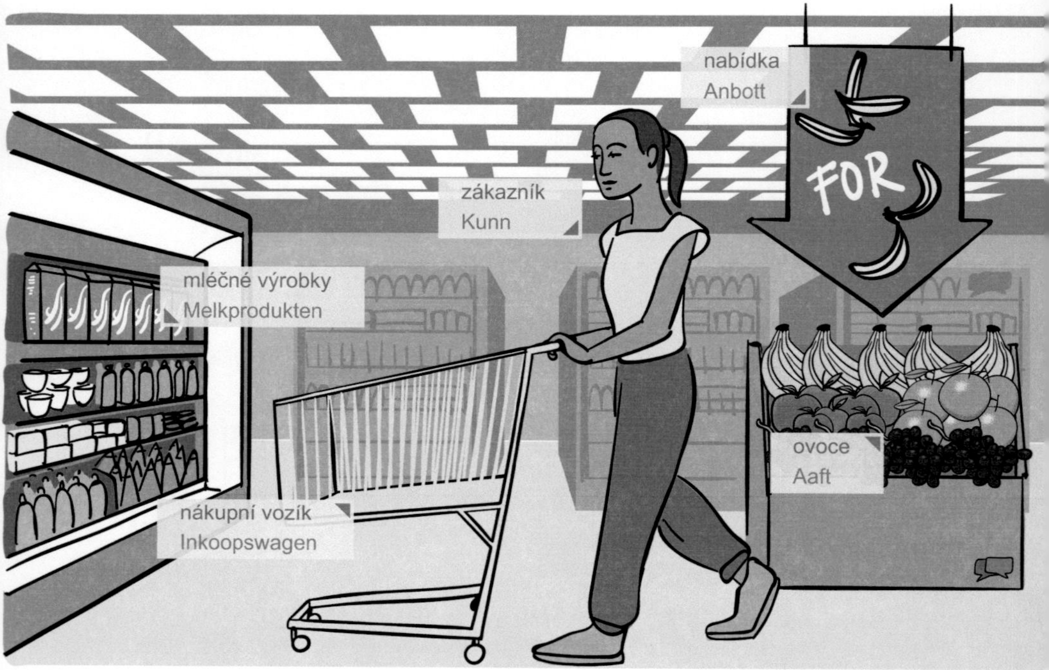

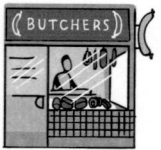

BUTCHERS

masna

Slachterie

BAKERY

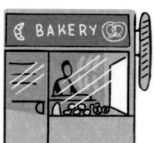

pekařství

Bäckerie

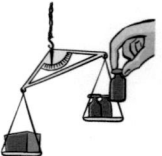

vážit

wegen

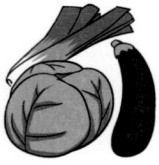

zelenina

Gröönsaken

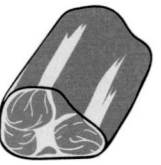

maso

Fleesch

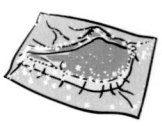

mražené potraviny

Deepköhlkost

obložený talíř

Opsnitt

konzervy

Konserven

prací prášek

Waschmiddel

cukrovinky

Snoopkraam

výrobky pro domácnost

Huushooltssaken

čisticí prostředek

Reinmaaktüüch

prodavačka

Verköpersche

pokladna

Kass

pokladní

Kasserer

nákupní seznam

Inkoopslist

otevírací doba

Opsparrtieden

peněženka

Breeftasch

kreditní karta

Kreditkoort

taška

Tasch

igelitová taška

Plastiktüüt

voda

Water

džus

Saft

mléko

Melk

kola

Cola

víno

Wien

pivo

Beer

alkohol

Spriet

kakao

Kakao

čaj

Tee

káva

Koffie

espresso

Espresso

kapučíno

Cappucino

banán

Banaan

jablko

Appel

pomeranč

Appelsien

meloun

Meloon

citrón

Zitroon

mrkev

Wöttel

česnek

Knuuvlook

bambus

Bambus

cibule

Zibbel

houba

Poggenstohl

ořechy

Nööt

těstoviny

Nudeln

špageti

Spaghetti

rýže

Ries

salát

Salat

hranolky

Pommes frites

americké brambory

Braadkantüffeln

pizza

Pizza

hamburger

Hamborger

sendvič

Sandwich

řízek

Snitzel

šunka

Schinken

salám

Salami

salám

Wust

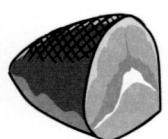

kuře

Hohn

pečeně

Braden

ryby

Fisch

ovesné vločky

Haverflocken

müsli

Müsli

vločky

Cornflakes

mouka

Mehl

croissant

Croissant

houska

Rundstück

chléb

Broot

toast

Toast

sušenky

Keksen

máslo

Botter

tvaroh

Quark

buchta

Koken

vejce

Ei

volské oko

Spegelei

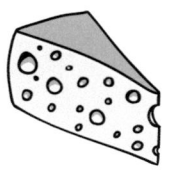

sýr

Kees

zmrzlina
les

cukr
Zucker

med
Honnig

marmeláda
Marmelaad

nugátový krém
Nougat-Creme

kari
Curry

usedlost
Buernhoff

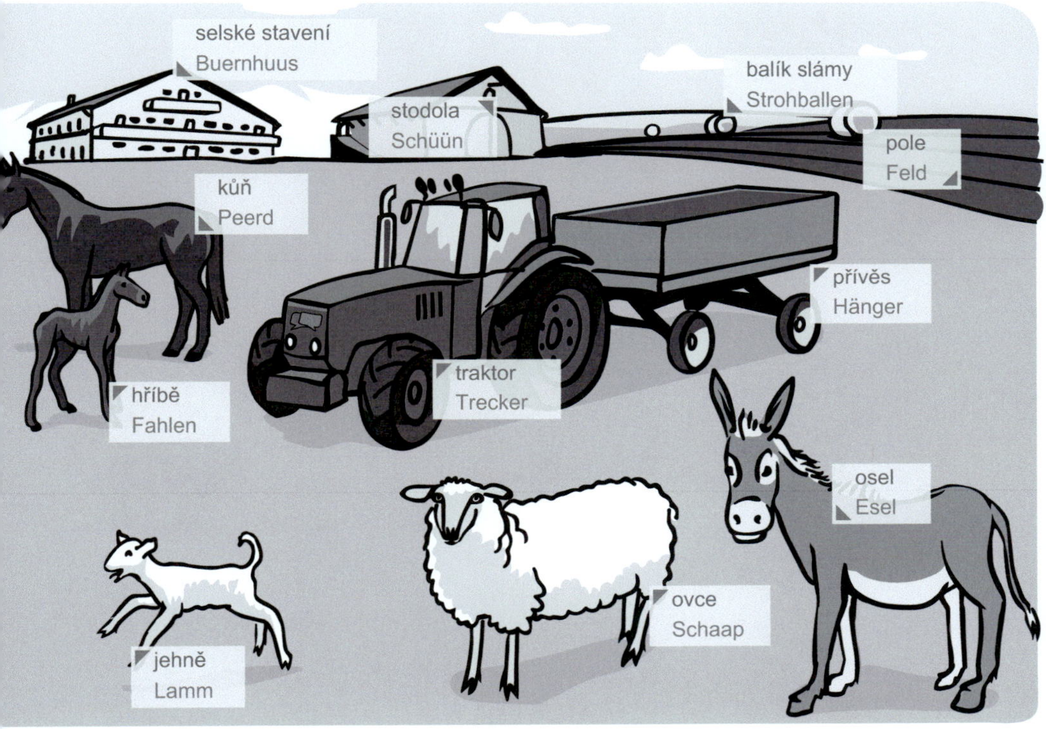

selské stavení
Buernhuus
stodola
Schüün
balík slámy
Strohballen
pole
Feld
kůň
Peerd
přívěs
Hänger
traktor
Trecker
hříbě
Fahlen
osel
Esel
ovce
Schaap
jehně
Lamm

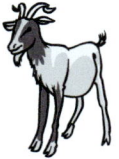

koza

Zeeg

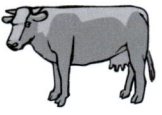

kráva

Koh

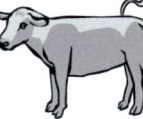

tele

Kalf

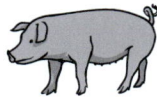

prase

Swien

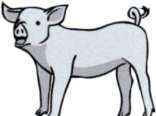

sele

Farken

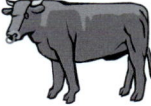

býk

Bull

husa

Goos

kachna

Aant

kuře

Küken

slepice

Hohn

kohout

Hahn

krysa

Rott

kočka

Katt

myš

Muus

vůl

Oss

pes

Hund

psí bouda

Hunnenhütt

zahradní hadice

Goornslauch

kropicí konev

Geetkann

kosa

Lee

pluh

Ploog

srp

Sich

motyka

Hack

vidle

Mestfork

sekera

Ext

kolecko

Schuufkoor

koryto

Trog

konev na mléko

Melkkann

pytel

Sack

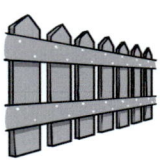

plot

Tuun

stáj

Stall

skleník

Drievhuus

půda

Bodden

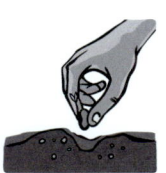

osivo

Saat

hnojivo

Dünger

kombajn

Meihdöscher

sklidit

oornen

sklizeň

Oorn

smldinec

Yamswöttel

pšenice

Weten

sója

Soja

brambora

Kantüffel

kukuřice

Törksche Weten

řepka

Rapp

ovocný strom

Aaftboom

maniok

Troopsch Kantüffel

obilí

Koorn

dům
Huus

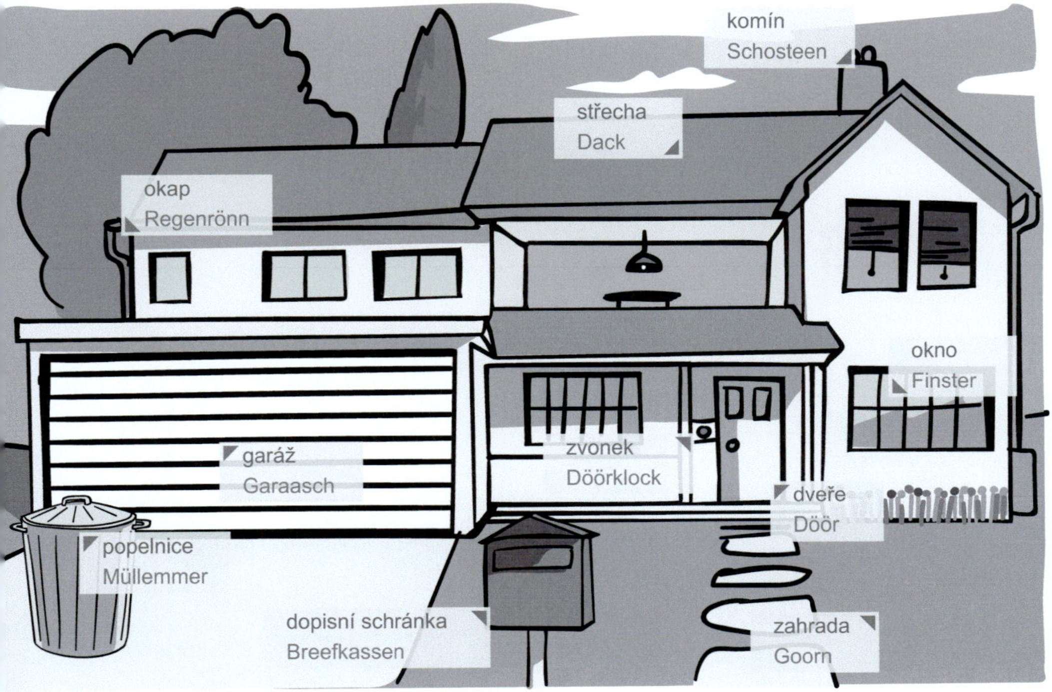
komín
Schosteen
střecha
Dack
okap
Regenrönn
okno
Finster
garáž
Garaasch
zvonek
Döörklock
dveře
Döör
popelnice
Müllemmer
dopisní schránka
Breefkassen
zahrada
Goorn

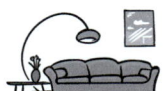

obývací pokoj

Wahnstuuv

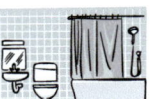

koupelna

Baadstuuv

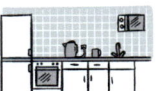

kuchyně

Köök

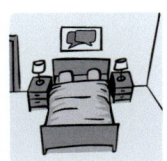

ložnice

Slaapstuuv

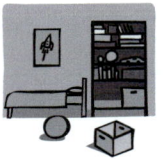

dětský pokoj

Kinnerstuuv

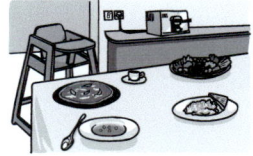

jídelna

Eetstuuv

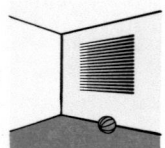

podlaha

Footbodden

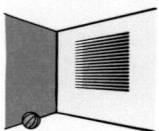

zeď

Wand

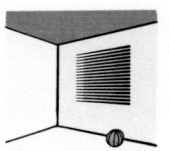

deka

Deek

sklep

Keller

sauna

Hittluftbad

balkón

Balkon

terasa

Terrass

bazén

Swümmbad

sekačka na trávu

Rasenmeiher

ložní prádlo

Bettbetog

lůžková přikrývka

Bettdeek

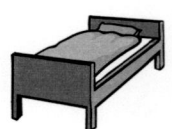

postel

Puuch

smeták

Bessen

kýbl

Emmer

vypínač

Schalter

obývací pokoj
Wahnstuuv

tapeta
Tapeet
obrázek
Bild
žárovka
Lamp
police
Regal
skříň
Schapp
televizor
Kiekkassen
komín
Kamin
květina
Bloom
polštář
Küssen
gauč
Sofa
váza
Vaas
dálkový ovladač
Feernbedenen

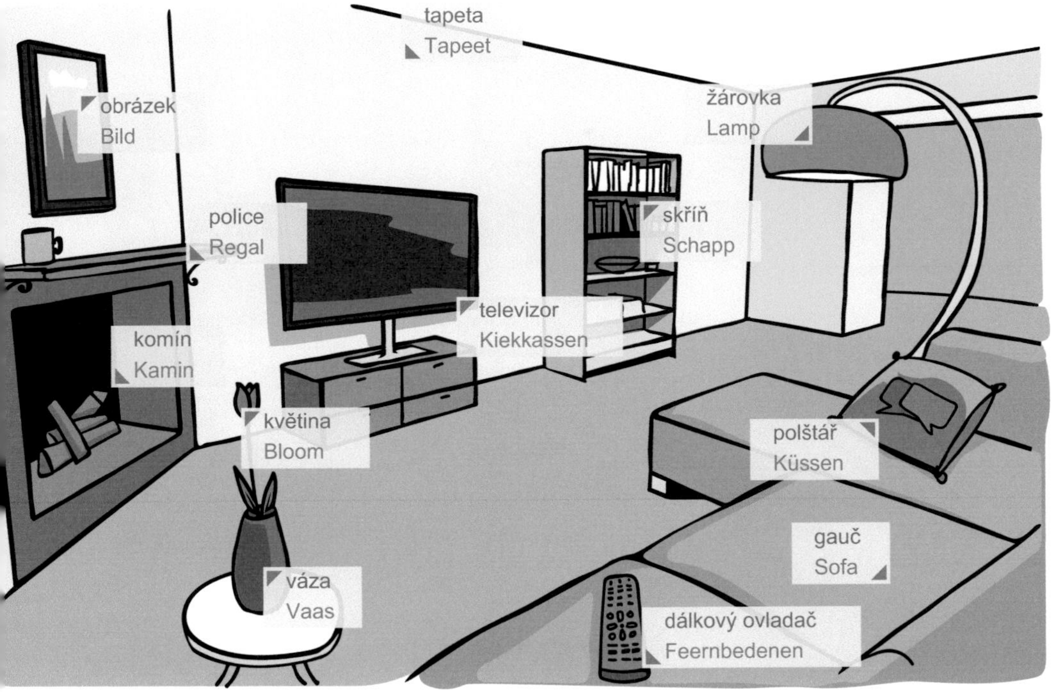

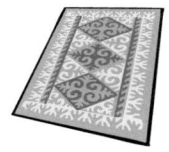

koberec

Teppich

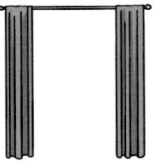

závěs

Vörhang

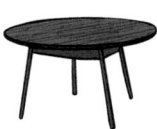

stůl

Disch

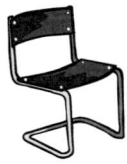

židle

Stohl

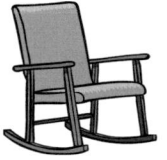

houpací křeslo

Schuckelstohl

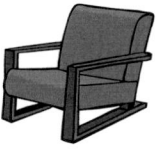

křeslo

Sessel

kniha

Book

strop

Deek

ozdoba

Dekoratschoon

palivové dříví

Füerholt

film

Film

stereo souprava

Stereoanlaag

klíč

Slötel

noviny

Narichtenblatt

malba

Gemälde

plakát

Poster

rádio

Radio

poznámkový blok

Opschrievblock

vysavač

Huulbessen

kaktus

Kaktus

svíce

Kars

kuchyně
Köök

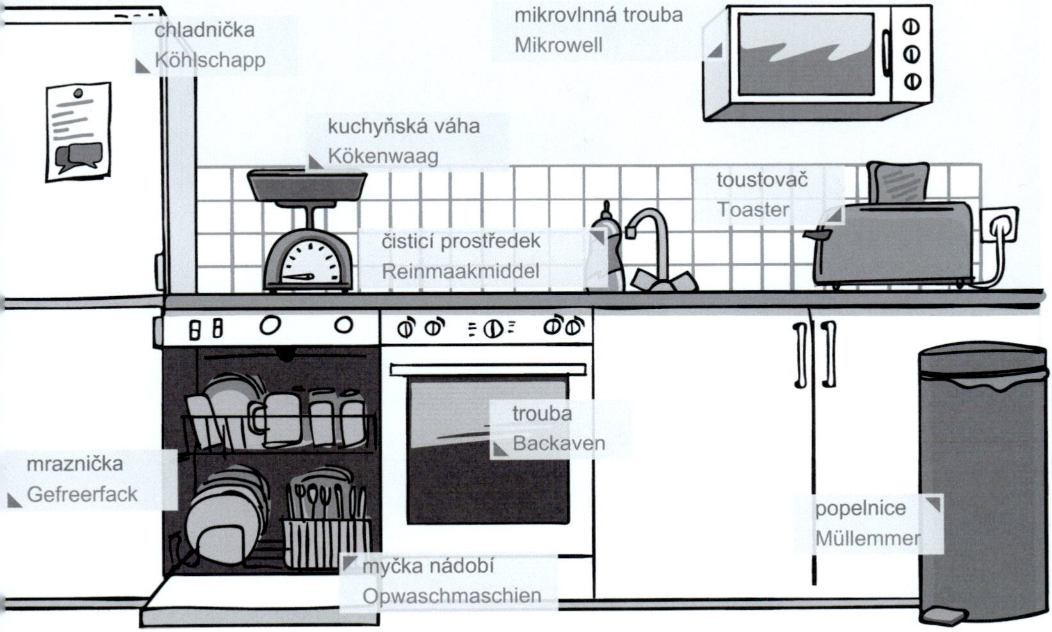

chladnička
Köhlschapp
mikrovlnná trouba
Mikrowell
kuchyňská váha
Kökenwaag
toustovač
Toaster
čisticí prostředek
Reinmaakmiddel
trouba
Backaven
mraznička
Gefreerfack
popelnice
Müllemmer
myčka nádobí
Opwaschmaschien

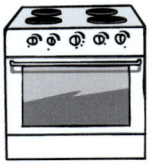

sporák

Heerd

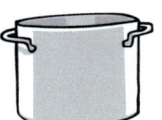

hrnec

Pott

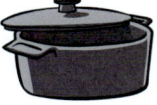

litinový hrnec

Gussiesern Putt

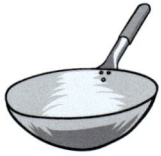

wok / kadai

Wok / Kadai

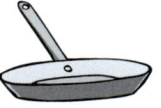

pánev

Pann

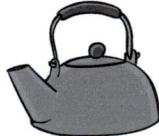

varná konvice

Waterkaker

parní hrnec

Dampkaakputt

plech na pečení

Backblick

nádobí

Geschirr

hrnek

Beker

miska

Schaal

jídelní hůlky

Eetsticken

naběračka

Suppenkell

obracečka

Pannenwenner

metla

Sneebessen

síto

Kaakseef

cedník

Seef

struhadlo

Riev

hmoždíř

Mörser

gril

Grill

ohniště

Füerstell

prkénko na krájení

Sniedbrett

váleček na těsto

Nudelholt

vývrtka

Proppentrecker

dóza

Doos

otvírák na konzervy

Dosenaapner

chňapka

Pottlappen

umyvadlo

Waschbecken

kartáč na nádobí

Böst

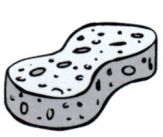

houba

Swamm

mixér

Mixer

mrazák

lesschapp

dětská lahev

Nuckelbuddel

kohoutek

Waterhahn

koupelna
Baadstuuv

topení
Heizung
sprcha
Bruus
ručník
Handdook
sprchový závěs
Bruusvörhang
pěnová koupel
Schuumbad
vana
Baadwann
sklenička
Glas
pračka
Waschmaschien
kohoutek
Waterhahn
obkladačky
Fliesen
nočník
lütte Putt
umyvadlo
Waschbecken

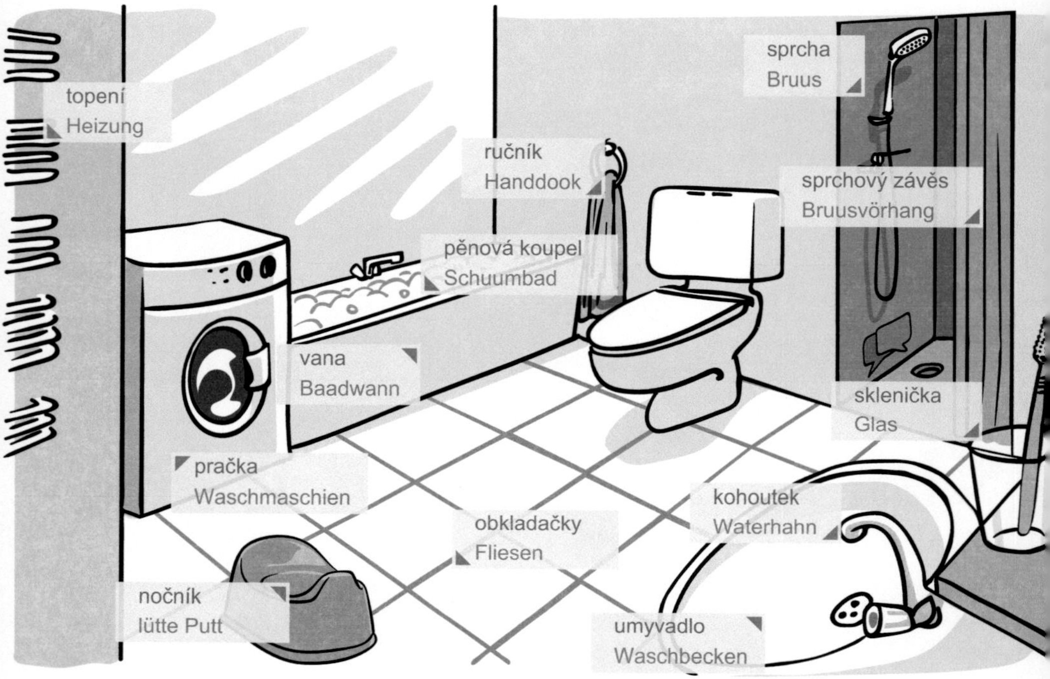

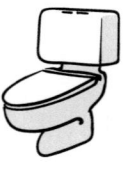

záchod

Tante Meier

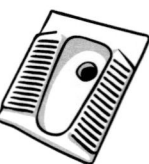

turecký záchod

Hockklo

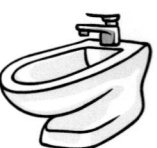

bidet

Bidet

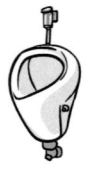

pisoár

Miegbecken

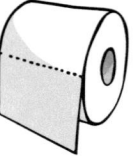

toaletní papír

Klopapeer

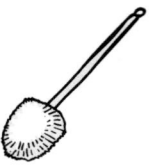

záchodová štětka

Kloböst

zubní kartáček

Tähnböst

zubní pasta

Tähnpast

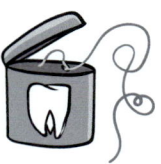

zubní niť

Tähnsied

mýt

waschen

ruční sprcha

Handbruus

intimní sprcha

Intimbruus

umyvadlo

Waschschöttel

kartáč na záda

Rüchböst

mýdlo

Seep

sprchový gel

Bruusgeel

šampón

Hoorwaschmiddel

žínka

Waschlappen

odpad

Afloop

krém

Creme

deodorant

Deodorant

zrcadlo

Spegel

kosmetické zrcátko

Kosmetikspegel

holicí strojek

Raserer

pěna na holení

Raseerschuum

voda po holení

Raseerwater

hřeben

Kamm

kartáč

Böst

fén

Hoordröger

lak na vlasy

Hoorspray

makeup

Smink

rtěnka

Lippensticken

lak na nehty

Nagellack

vata

Watt

nůžky na nehty

Nagelscheer

parfém

Rüükwater

ška s toaletními potřebami

Kulturbüdel

stolička

Schemel

váha

Waag

župan

Baadmantel

gumové rukavice

Gummihanschen

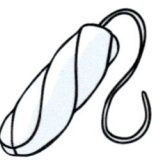

tampón

Tampon

dámská vložka

Damenbinn

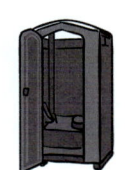

chemická toaleta

Chemieklo

dětský pokoj
Kinnerstuuv

budík
Wecker
plyšová hračka
Knudeldeert
autíčko
Speeltüüchauto
chrastítko
Klöter
domeček pro panenky
Poppenhuus
dárek
Geschenk

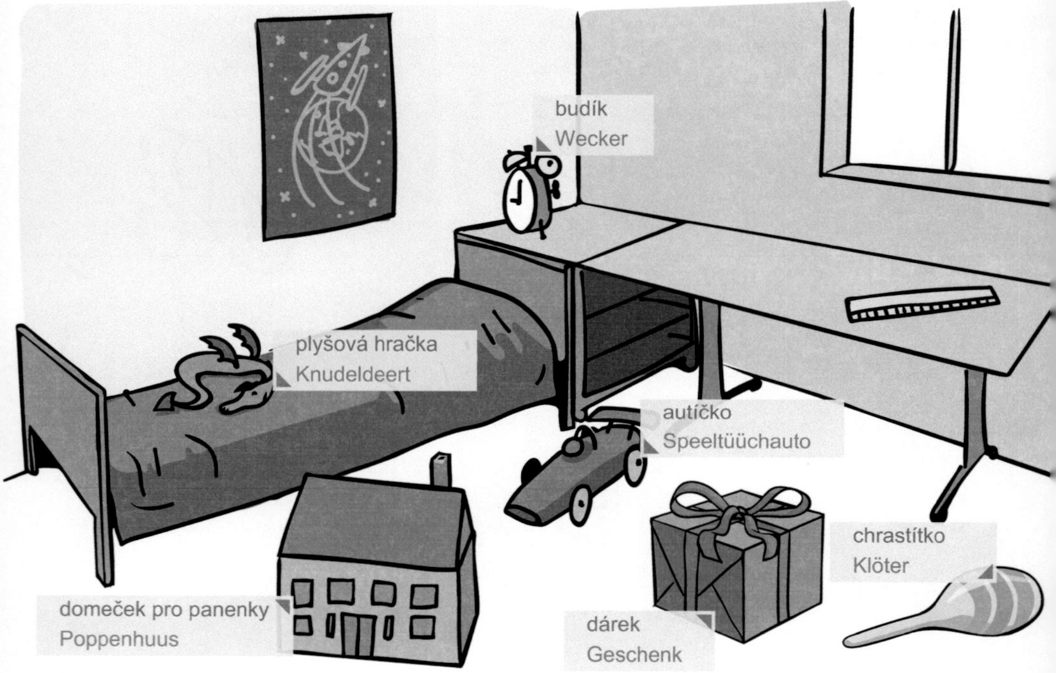

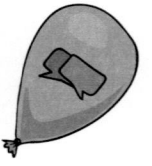

balón
Luftballon

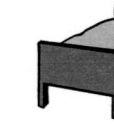

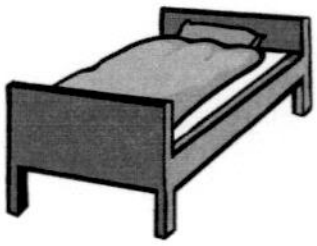

postel
Puuch

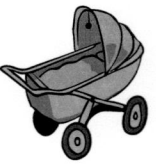

kočárek
Kinnerwagen

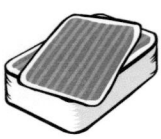

balíček karet
Koortenspeel

puzzle
Puzzle

SUPER MEGA

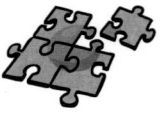

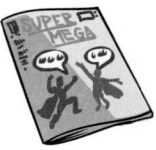

komiks
Billergeschicht

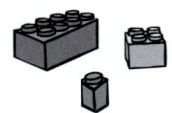

lego kostky

Legostenen

stavebnice

Bustenen

akční figurka

Action-Figur

dupačky

Strampelantog

frisbee

Frisbeeschiev

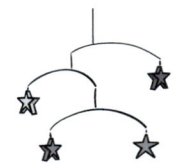

závěsné hračky nad postýlku

Mobile

desková hra

Brettspeel

kostky

Wörpel

modelová železnice

Modelliesenbahn

dudlík

Snuller

oslava

Party

obrázková kniha

Billerbook

míč

Ball

panenka

Popp

hrát si

spelen

pískoviště

Sandkassen

houpačka

Schuckel

hračky

Speeltüüch

hrací konzole

Speelkonsool

tříkolka

Dreerad

medvídek

Teddyboor

šatník

Klederschapp

oblečení
Tüüch

ponožky

Socken

punčochy

Strümp

punčochové kalhoty

Strumpbüx

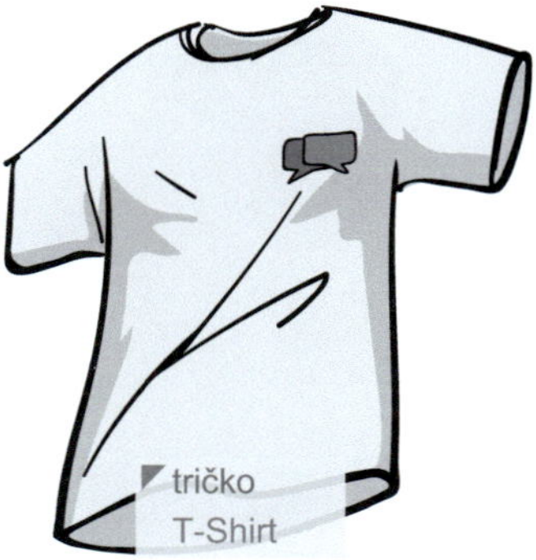

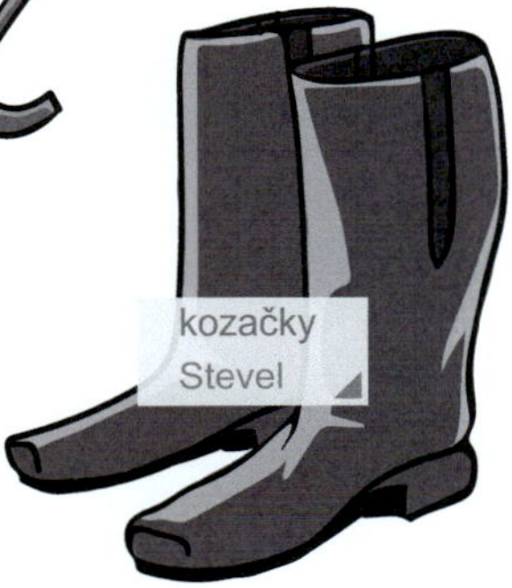

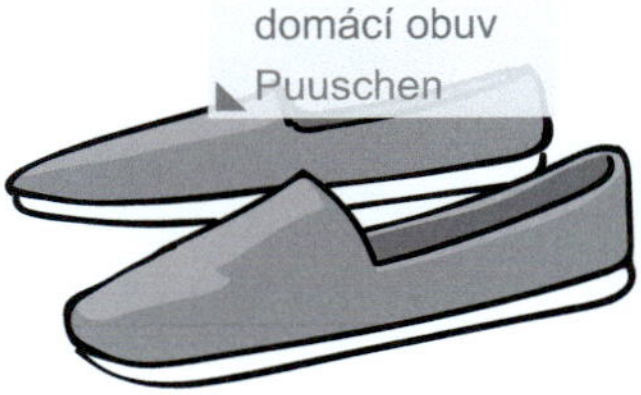

šála
Halsdook

pásek
Liefreem

deštník
Paraplü

tričko
T-Shirt

kozačky
Stevel

domácí obuv
Puuschen

tenisky
Turnschoh

sandály

Sandalen

obuv

Schoh

holínky

Gummistevel

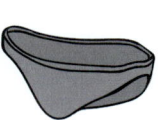

spodní prádlo

Ünnerbüx

podprsenka

Bostholler

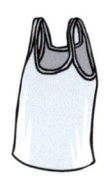

nátělník

Ünnerhemd

body

Lief

kalhoty

Büx

džíny

Jeansnüx

sukně

Rock

blůza

Bluus

košile

Hemd

svetr

Pullover

mikina

Kapuzenpullover

blejzr

Blazer

bunda

Jack

kabát

Mantel

pláštěnka

Övertrecker

kostým

Kostüm

šaty

Kleed

svatební šaty

Hochtietskleed

oblek

Antog

noční košile

Nachtkleed

pyžamo

Slaapantog

sárí

Sari

šátek na hlavu

Koppdook

turban

Turban

burka

Burka

kaftan

Kaftan

abája

Abaya

plavky

Baadantog

pánské plavky

Baadbüx

kraťasy

Korte Büx

teplákovà souprava

Antog to'n Öven

zástěra

Schört

rukavice

Handschoh

knoflík

Knopp

brýle

Brill

náramek

Armband

náhrdelník

Halskeed

prsten

Ring

náušnice

Ohrbummel

čepice

Mütz

ramínko

Klederbögel

klobouk

Hoot

kravata

Binner

zip

Rietslüter

helma

Helm

kšandy

Drachtband

školní uniforma

Schooluniform

uniforma

Uniform

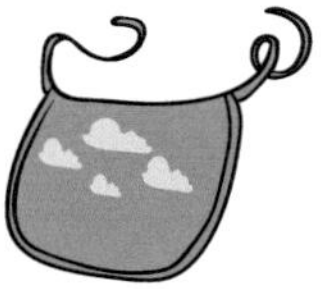

bryndák

Severböten

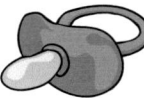

dudlík

Snuller

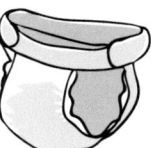

plena

Winnel

kancelář

Büro

server
Server
kartotéka
Aktenschapp
tiskárna
Drucker
papír
Papeer
monitor
Bildschirm
psací stůl
Schrievdisch
myš
Muus
šanon
Orner
klávesnice
Knoopboord
odpadkový koš na papír
Papeerkorf
počítač
Computer
židle
Stohl

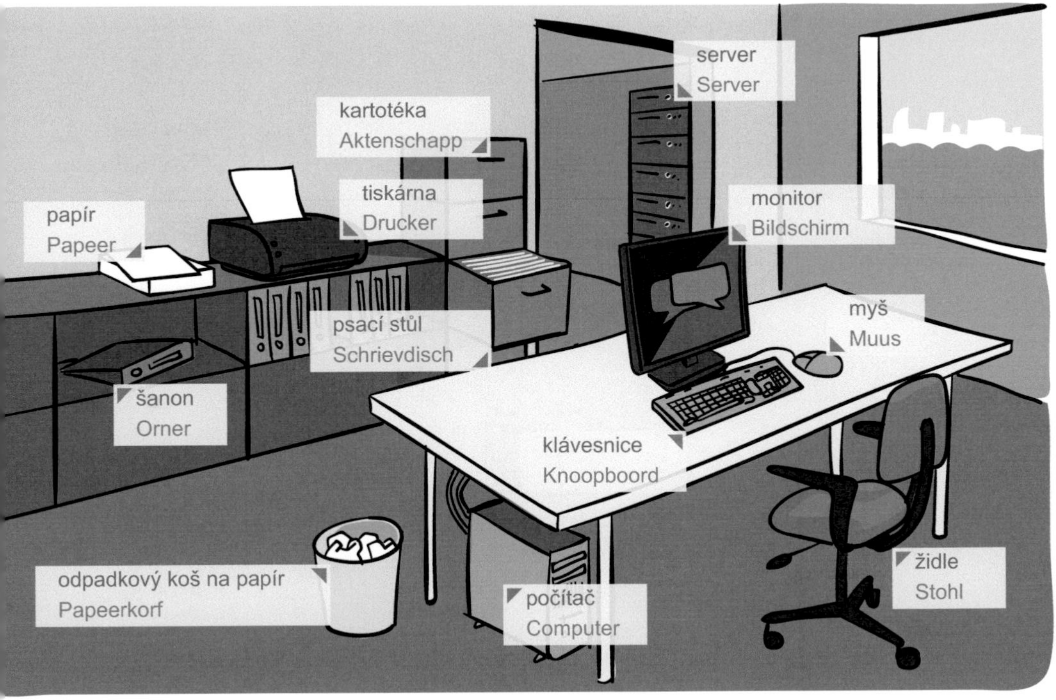

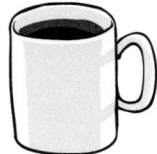

hrnek na kávu

Koffiebeker

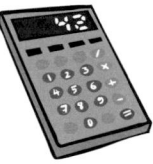

kalkulačka

Taschenreekner

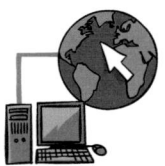

internet

Internet

notebook

Klappreekner

dopis

Breef

zpráva

Naricht

mobil

Ackersnacker

síť

Nettwark

kopírka

Kopeerapparat

software

Software

telefon

Klöönkassen

zásuvka

Steekdoos

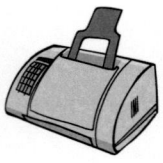

fax

Faxapparat

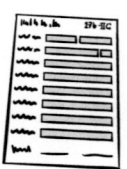

formulář

Formulor

dokument

Dokument

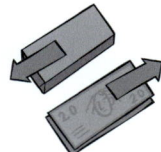

nakupovat

köpen

zaplatit

betahlen

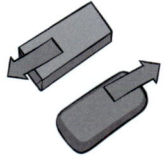

jednat

hanneln

peníze

Geld

 USD

dolar

Dollar

 EUR

euro

Euro

 JPY

jen

Yen

 RUB

rubl

Ruvel

 CHF

frank

Swiezer Franken

 CNY

juan

Renminbi Yuan

 INR

rupie

Rupie

bankomat

Geldautomat

směnárna

Wesselstuuv

zlato

Gold

stříbro

Sülver

olej

Ööl

energie

Energie

cena

Pries

smlouva

Verdrag

daň

Stüer

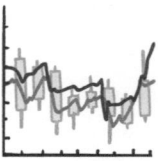

akcie

Andeelschien

pracovat

arbeiden

zaměstnanec

Anstellte

zaměstnavatel

Arbeitgever

továrna

Fabrik

obchod

Hökerie

povolání
Profeschonen

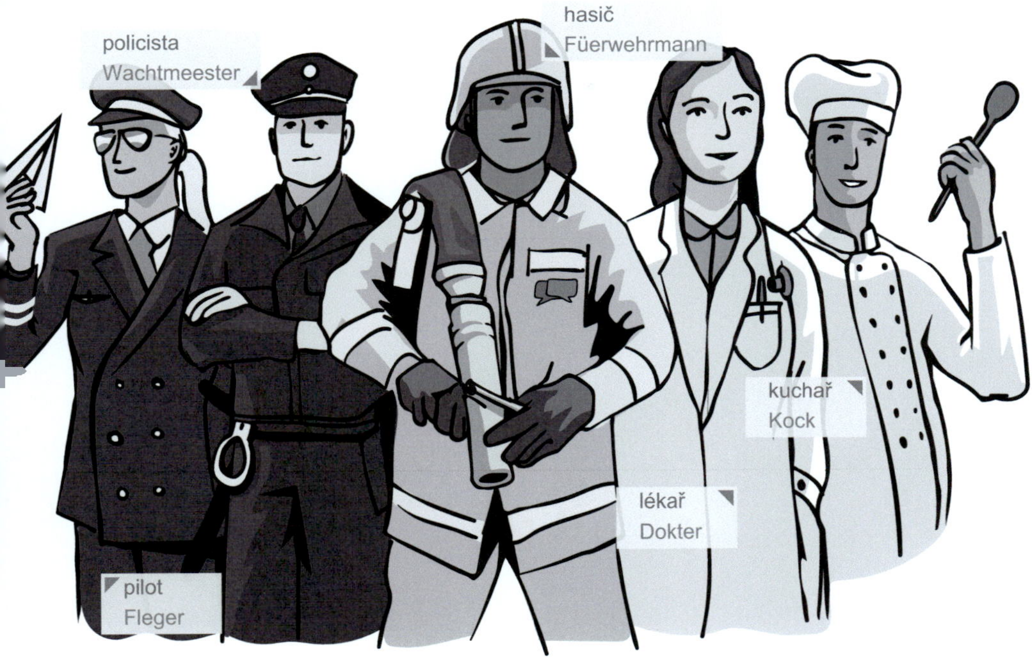

policista
Wachtmeester
hasič
Füerwehrmann
kuchař
Kock
lékař
Dokter
pilot
Fleger

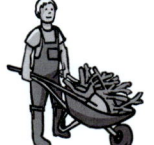

zahradník

Goorner

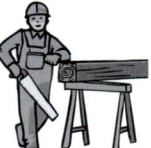

truhlář

Discher

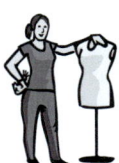

švadlena

Neihersche

soudce

Richter

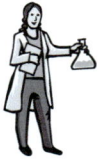

chemik

Chemiker

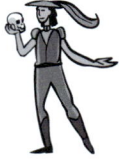

herec

Schauspeler

řidič autobusu

Busfohrer

řidič taxi

Taxifohrer

rybář

Fischer

uklízečka

Reinmaakfru

pokrývač

Dackdecker

číšník

Kellner

myslivec

Jäger

malíř

Maler

pekař

Bäcker

elektrikář

Elektriker

stavební dělník

Buarbeider

inženýr

Ingenieur

řezník

Slachter

klempíř

Klempner

listonoš

Postbüdel

voják

Suldat

architekt

Architekt

pokladní

Kasserer

florista

Florist

kadeřník

Putzbüdel

průvodčí

Schaffner

mechanik

Mechaniker

kapitán

Kaptein

zubař

Tähndokter

vědec

Wetenschopler

rabín

Rabbi

imám

Imam

mnich

Mönk

duchovní

Paap

nářadí
Warktüüch

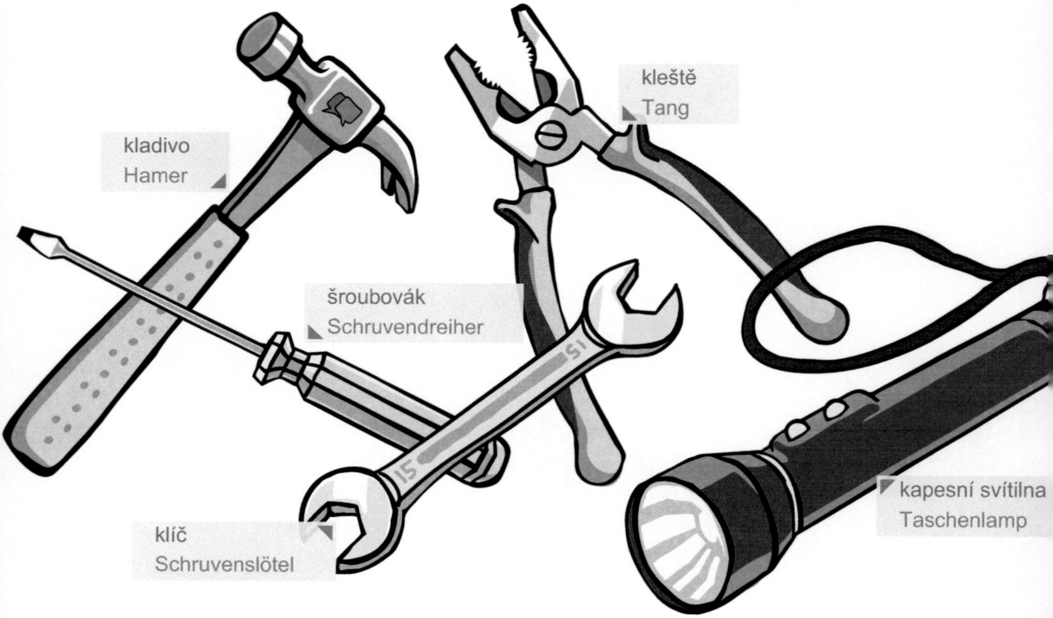
kladivo
Hamer
kleště
Tang
šroubovák
Schruvendreiher
klíč
Schruvenslötel
kapesní svítilna
Taschenlamp

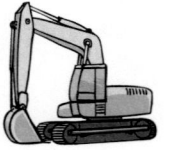

bagr

Grieper

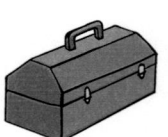

skříň na nářadí

Warktüüchkassen

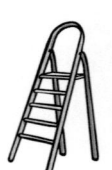

žebřík

Ledder

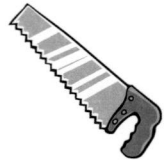

pila

Saag

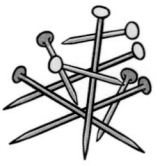

hřebíky

Nagels

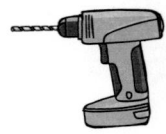

vrtačka

Bohrer

opravit

heelmaken

lopata

Schüffel

Kurva!

Schiet!

lopatka

Kehrblick

vědroé na barvu

Farvpott

šrouby

Schruven

hudební nástroje
Musikinstrumenten

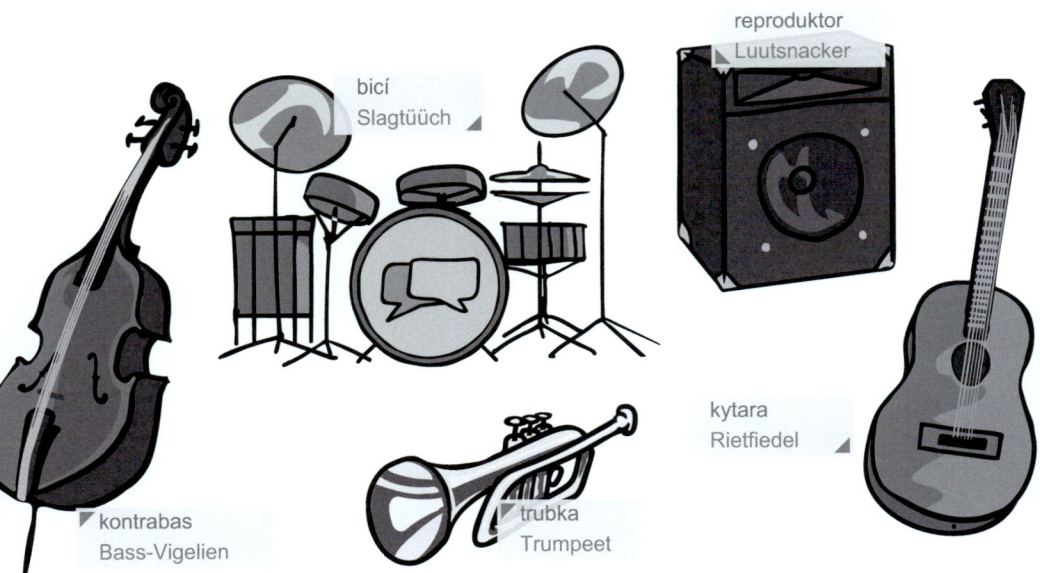

reproduktor
Luutsnacker

bicí
Slagtüüch

kytara
Rietfiedel

kontrabas
Bass-Vigelien

trubka
Trumpeet

klavír

Klaveer

housle

Vigelien

basa

Bass

tympán

Pauk

bubny

Trummeln

keyboard

Keyboard

saxofon

Saxophon

flétna

Fleut

mikrofon

Mikrofoon

ZOO

Deertenpark

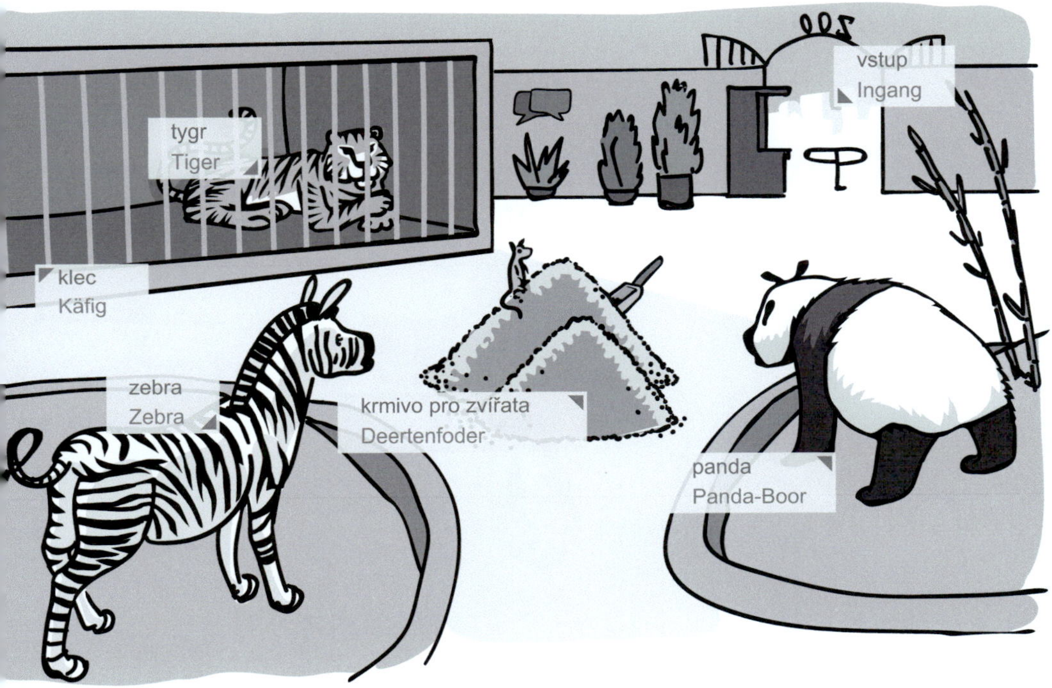

vstup
Ingang
tygr
Tiger
klec
Käfig
zebra
Zebra
krmivo pro zvířata
Deertenfoder
panda
Panda-Boor

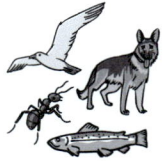

zvířata

Deerten

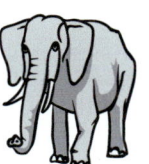

slon

Elefant

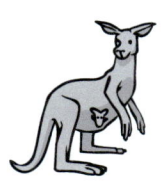

klokan

Känguru

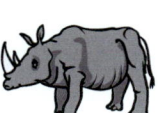

nosorožec

Neeshoorn

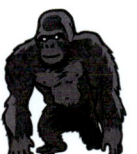

gorila

Gorilla

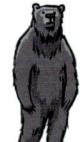

medvěd

Boor

velbloud

Kameel

pštros

Struuß

lev

Lööv

opice

Aap

plameňák

Flamingo

papoušek

Papagoi

lední medvěd

Iesboor

tučňák

Pinguin

žralok

Haifisch

páv

Pageluun

had

Slang

krokodýl

Krokodil

ošetřovatel zvířat

Oppasser in'n Deertenpark

tuleň

Saalhund

jaguár

Jaguor

poník

Pony

leopard

Leopard

hroch

Nilpeerd

žirafa

Giraff

orel

Aadler

divoké prase

Wildswien

ryby

Fisch

želva

Schildkrööt

mrož

Walross

liška

Voss

gazela

Gazell

americký fotbal
Amerikaansch Football

cyklistika
Radfohren

tenis
Tennis

košíková
Korfball

plavání
Swümmen

box
Boxen

lední hokej
leshockey

kopaná
Football

badminton
Fedderball

lehká atletika
Leichtathletik

házená
Handball

běh na lyžích
Skilopen

vodní pólo
Polo

aktivity
Aktivitäten

skočit
springen
smát se
lachen
objímat
ümarmen
jít
gahn
zpívat
singen
snít
drömen
modlit se
beden
políbit
snuteln

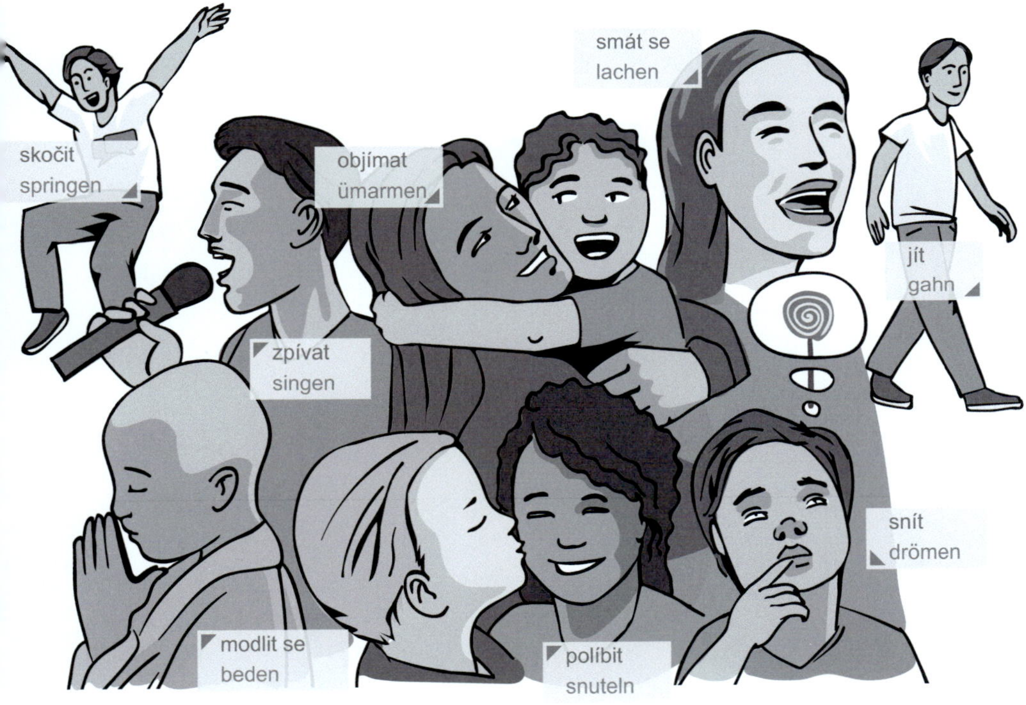

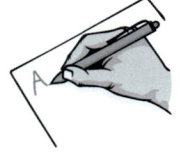

psát

schrieven

kreslit

teken

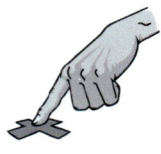

ukazovat

wiesen

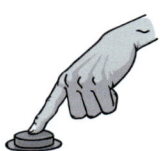

tlačit

drücken

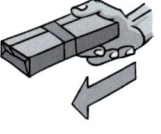

dát

geven

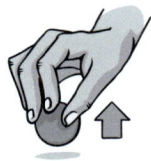

vzít si

nehmen

mít

hebben

dělat

doon

být

sien

stát

stahn

běhat

lopen

táhnout

trecken

hodit

smieten

padat

fallen

ležet

liggen

čekat

töven

nosit

dregen

sedět

sitten

oblékat

antrecken

spát

slapen

vzbudit se

opwaken

prohlédnout si

ankieken

plakat

wenen

pohladit

eien

česat

kämmen

hovořit

snacken

rozumět

verstahn

ptát se

fragen

slyšet

hören

pít

drinken

jíst

eten

uklidit

oprümen

milovat

leefhebben

vařit

kaken

jet

fohren

letět

flegen

plachtit

segeln

počítat

reken

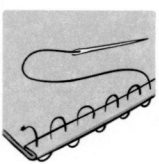

číst

lesen

učit se

lehren

pracovat

arbeiden

vzít si

de Plünnen tohoopsmieten

šít

neihen

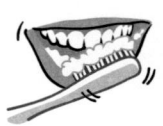

čistit si zuby

Tähnen putzen

zabít

dootmaken

kouřit

smöken

poslat

schicken

rodina
Familje

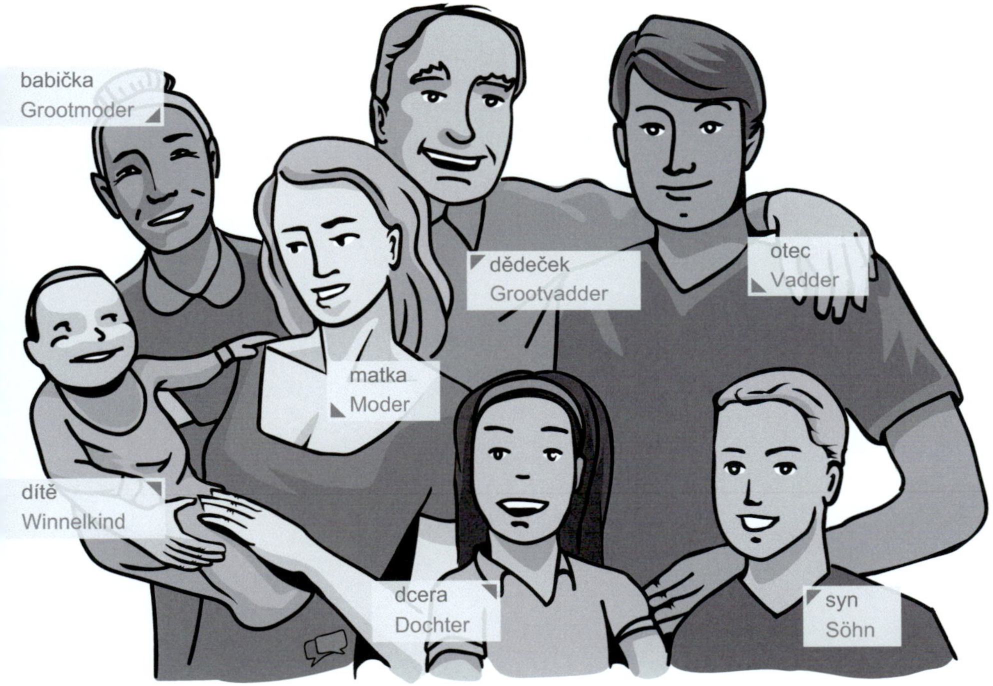

babička
Grootmoder
dědeček
Grootvadder
otec
Vadder
matka
Moder
dítě
Winnelkind
dcera
Dochter
syn
Söhn

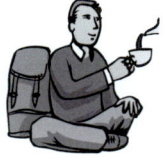

host

Gast

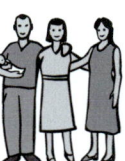

teta

Tant

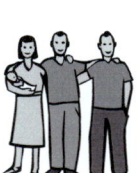

strýc

Unkel

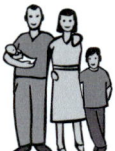

bratr

Broder

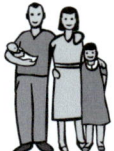

sestra

Süster

tělo
Lief

čelo
Vörkopp
oko
Oog
rameno
Schuller
prst
Finger
obličej
Gesicht
brada
Kinn
ruka
Hand
dolní končetina
Been
hruď
Bost
paže
Arm

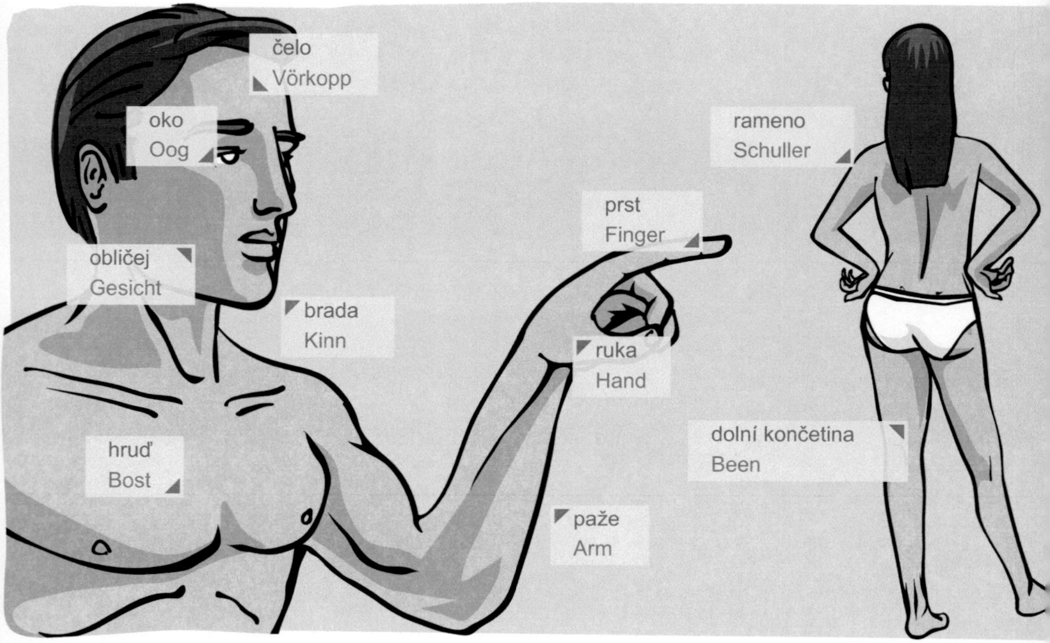

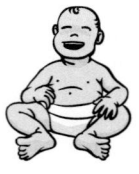

dítě

Winnelkind

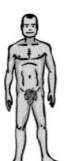

muž

Mann

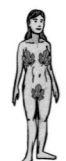

žena

Fro

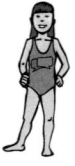

dívka

Deern

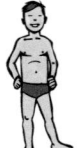

chlapec

Jung

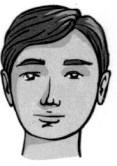

hlava

Arm

záda

Rüch

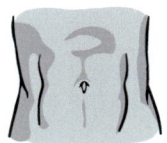

břicho

Buuk

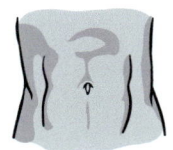

pupík

Navel

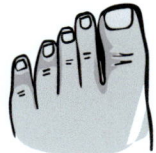

prst na noze

Teh

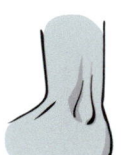

pata

Hack

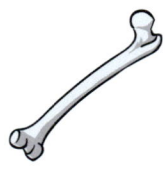

kost

Knaken

bok

Hüft

koleno

Knee

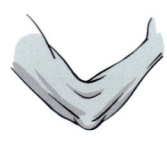

loket

Ellbagen

nos

Nees

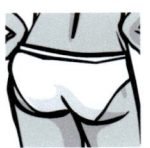

zadek

Achtersen

kůže

Huut

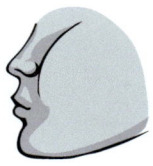

tvář

Back

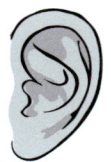

ucho

Ohr

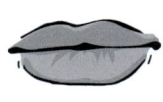

ret

Lipp

ústa

Mund

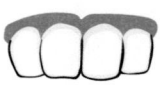

zub

Tähn

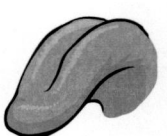

jazyk

Tung

mozek

Bregen

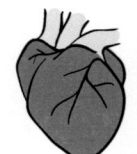

srdce

Hart

sval

Muskel

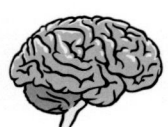

plíce

Lung

játra

Lever

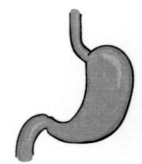

žaludek

Maag

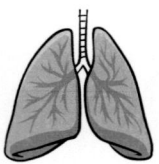

ledviny

Neren

pohlavní styk

Bislaap

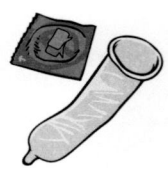

kondom

Kondoom

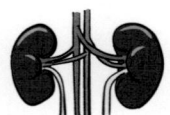

vajíčko

Eizell

sperma

Sperma

těhotenství

Anner Ümstänn

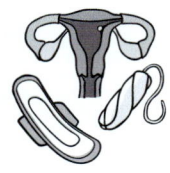

menstruace

Menstruatschoon

vagina

Scheed

penis

Pint

obočí

Ogenbroe

vlasy

Hoor

krk

Hals

nemocnice
Krankenhuus

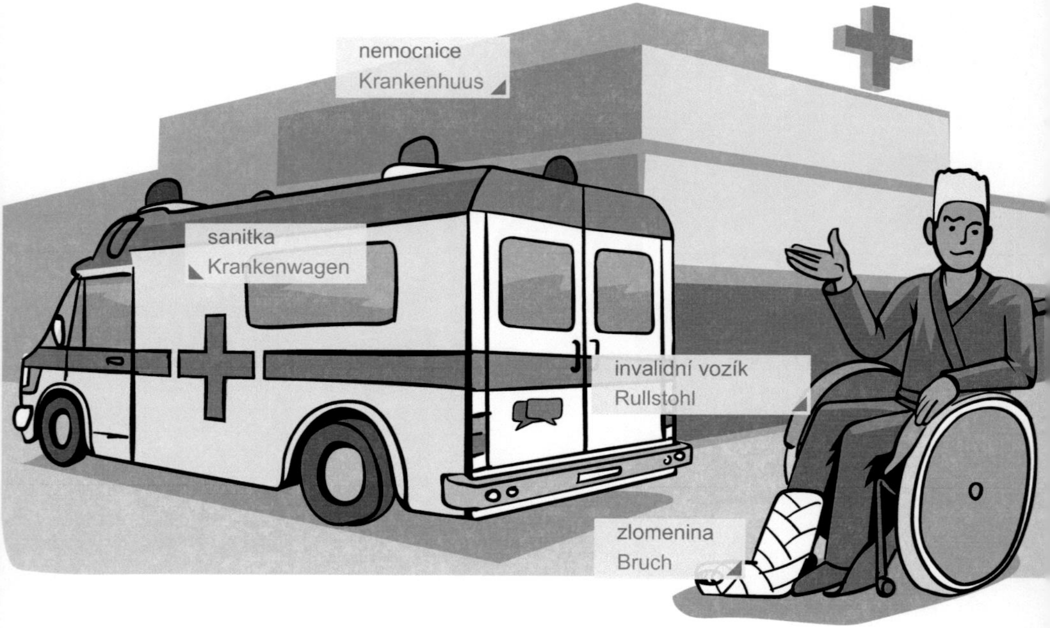

nemocnice
Krankenhuus
sanitka
Krankenwagen
invalidní vozík
Rullstohl
zlomenina
Bruch

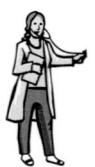

lékař

Dokter

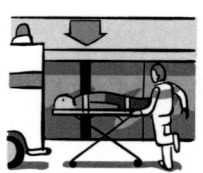

pohotovost

Nootopnahm

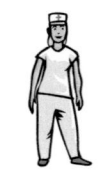

zdravotní sestra

Krankensüster

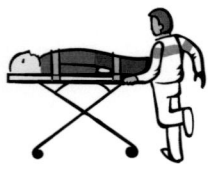

urgentní případ

Nootfall

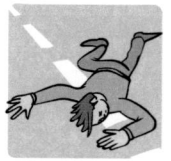

v bezvědomí

ahnmächtig

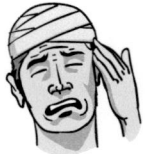

bolest

Wehdaag

úraz

Verwunnen

krvácení

Blöden

infarkt myokardu

Hartinfarkt

cévní mozková příhoda

Slaganfall

alergie

Allergie

kašel

Hoosten

horečka

Fever

chřipka

Gripp

průjem

Dörchfall

bolest hlavy

Koppwehdaag

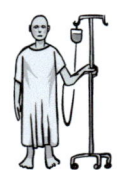

rakovina

Kreeft

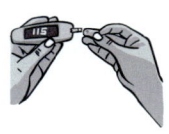

cukrovka

Zuckersüük

chirurg

Chirurg

skalpel

Chirurgsch Mess

operace

Operatschoon

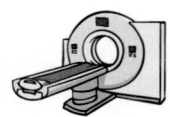

CT

CT

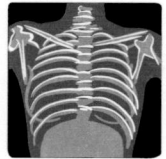

rentgen

Dörchlüchten

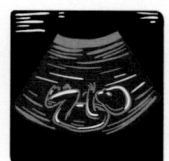

ultrazvuk

Ultraschall

maska

Mask

nemoc

Krankheit

čekárna

Töövruum

berle

Krück

náplast

Plaaster

obvaz

Verband

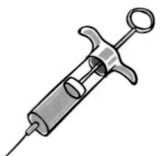

injekce

Insprütten

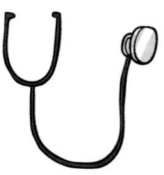

stetoskop

Stethoskop

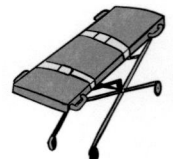

nosítka

Draag

teploměr

Feverthermometer

porod

Geboort

nadváha

Övergewicht

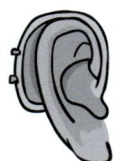

naslouchátko

Hööraparrat

dezinfekční prostředek

Kiemfriemiddel

infekce

Ansteken

virus

Virus

HIV / AIDS

HIV / AIDS

lékařství

Heelmiddel

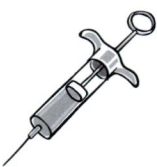

očkování

Impen

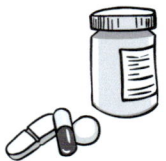

tablety

Tabletten

pilulka

Pill

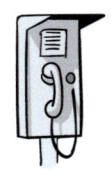

tísňové volání

Nootroop

tonometr

Blootdruck-Meter

nemocný / zdravý

krank / gesund

Pomoc!

Hölp!

poplach

Alarm

přepadení

Överfall

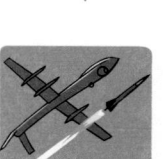

napadení

Angreep

nebezpečí

Gefohr

nouzový východ

Nootutgang

Hoří!

Füer!

hasicí přístroj

Füerlöscher

nehoda

Unfall

zdravotnická brašna

Noothölpkoffer

SOS

SOS

policie

Polizei

Evropa

Europa

Severní Amerika

Noordamerika

Jižní Amerika

Süüdamerika

Afrika

Afrika

Asie

Asien

Austrálie

Australien

Atlantik

Atlantik

Pacifik

Pazifik

Indický oceán

Indisch Weltmeer

Jižní ledový oceán

Antarktisch Weltmeer

Severní ledový oceán

Arktisch Weltmeer

severní pól

Noordpol

jižní pól

Süüdpol

Antarktida

Antarktis

země

Eerd

pevnina

Land

moře

See

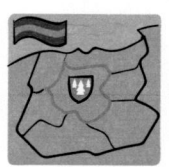

ostrov

Eiland

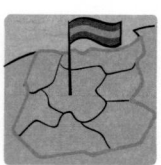

národ

Natschoon

stát

Staat

ciferník

Tallenblatt

hodinová ručička

Stunnenwieser

minutová ručička

Minutenwieser

vteřinová ručička

Sekunnenwieser

Kolik je hodin?

Wo laat is dat?

den

Dag

čas

Tiet

teď

nu

digitální hodinky

digetaalsch Klock

minuta

Minuut

hodina

Stunn

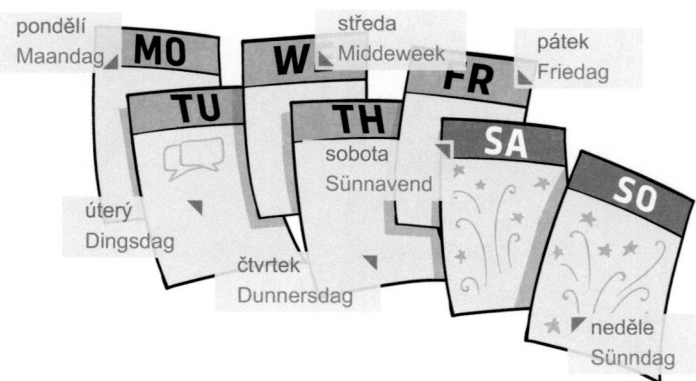

pondělí
Maandag

MO

W středa
Middeweek

FR pátek
Friedag

TU

TH sobota
Sünnavend

SA

SO

úterý
Dingsdag

čtvrtek
Dunnersdag

neděle
Sünndag

včera

güstern

dnes

hüüt

zítra

morgen

ráno

Morgen

poledne

Meddag

večer

Avend

MO	TU	WE	TH	FR	SA	SU
1	2	3	4	5	6	7
8	9	10	11	12	13	14
15	16	17	18	19	20	21
22	23	24	25	26	27	28
29	30	31	1	2	3	4

pracovní dny

Arbeitsdaag

MO	TU	WE	TH	FR	SA	SU
1	2	3	4	5	6	7
8	9	10	11	12	13	14
15	16	17	18	19	20	21
22	23	24	25	26	27	28
29	30	31	1	2	3	4

víkend

Wekenenn

déšť
Regen

duha
Regenbagen

sníh
Snee

vítr
Wind

jaro
Fröhjohr

léto
Sommer

podzim
Harvst

zima
Winter

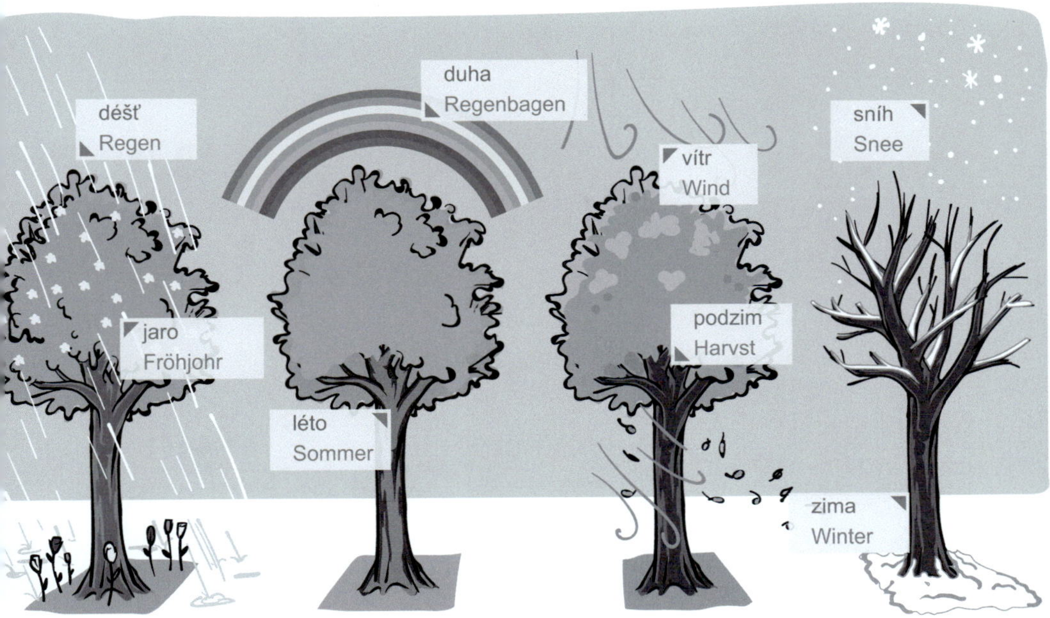

předpověď počasí

Wedervörhersaag

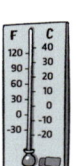

teploměr

Thermometer

sluneční svit

Sünnenschien

mrak

Wulk

mlha

Nevel

vlhkost

Luftfuchtigkeit

blesk

Blitz

hrom

Dunner

bouřka

Storm

kroupy

Hagel

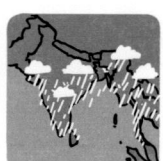

monzun

Monsun

povodeň

Floot

led

les

leden

Januormaand

únor

Februormaand

březen

Martmaand

duben

Aprilmaand

květen

Maimaand

červen

Junimaand

červenec

Julimaand

srpen

Augustmaand

září	říjen	listopad
Septembermaand	Oktobermaand	Novembermaand

prosinec

Dezembermaand

tvary
Formen

kruh

Krink

čtverec

Quadrat

obdélník

Rechteck

trojúhelník

Dreeeck

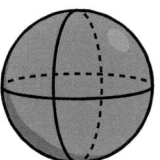

koule

Kugel

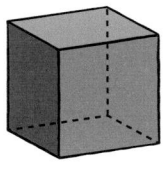

krychle

Wörpel

bílá

witt

žlutá

geel

oranžová

orangsch

růžová

pink

červená

root

fialová

lila

modrá

blau

zelená

grőőn

hnědá

bruun

šedá

gries

černá

swart

hodně / málo

veel / wenig

rozzuřený / mírumilovný

böös / verdreeglich

krásný / ošklivý

smuck / mies

začátek / konec

Begünn / Enn

velký / malý

groot / lütt

světlý / tmavý

hell / düüster

bratr / sestra

Broder / Süster

čistý / špinavý

schier / schietig

úplný / neúplný

kumpleet / nich kumpleet

den / noc

Dag / Nacht

mrtvý / živý

doot / lebennig

široký / úzký

breet / small

jedlý / nejedlý

geneetbor / nich geneetbor

zlý / hodný

böös / fründlich

vzrušený / znuděný

fickerig / langwielt

tlustý / hubený

dick / dünn

nejdříve / naposledy

toeerst / toletzt

přítel / nepřítel

Fründ / Fiend

plný / prázdný

vull / leddig

tvrdý / měkký

hart / week

těžký / lehký

swoor / licht

hlad / žízeň

Smacht / Döst

nemocný / zdravý

krank / gesund

ilegální / legální

nich na't Recht / na't Recht

inteligentní / hloupý

klook / dummerhaftig

vlevo / vpravo

linkerhand / rechterhand

blízko / daleko

neeg / feern

nový / použitý

nieg / bruukt

nic / něco

nix / wat

starý / mladý

oolt / jung

zapnutý / vypnutý

an / ut

otevřeno / zavřeno

apen / slaten

tichý / hlasitý

lies / luut

bohatý / chudý

riek / arm

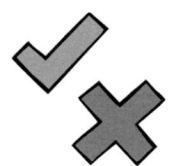

správný / špatný

richtig / verkehrt

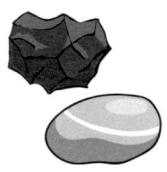

drsný / hladký

ruug / glatt

smutný / šťastný

trurig / glücklich

krátký / dlouhý

kort / lang

pomalý / rychlý

suutje / flink

vlhký / suchý

natt / dröög

teplý / chladný

warm / köhl

válka / mír

Krieg / Freden

0

nula

null

1

jedna

een

2

dva

twee

3

tři

dree

4

čtyři

veer

5

pět

fief

6

šest

söss

7

sedm

söven

8

osm

acht

9

devět

negen

10

deset

teihn

11

jedenáct

ölven

12

dvanáct

twölf

13

třináct

dörteihn

14

čtrnáct

veerteihn

15

patnáct

föffteihn

16

šestnáct

sössteihn

17

sedmnáct

söventeihn

18

osmnáct

achtteihn

19

devatenáct

negenteihn

20

dvacet

twintig

100

sto

hunnert

1.000

tisíc

dusend

1.000.000

milion

million

angličtina

Engelsch

americká angličtina

Amerikaansch Engelsch

standardní čínština

Chineesch Mandarin

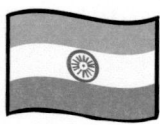

hindština

Hindi

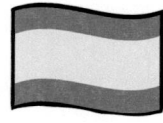

španělština

Spaansch

francouzština

Franzöösch

arabština

Araabsch

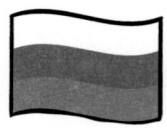

ruština

Rusch

portugalština

Portugiesch

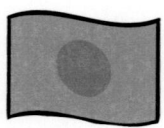

bengálština

Bengaalsch

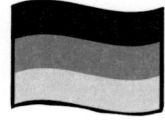

němčina

Düütsch

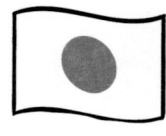

japonština

Japaansch

já
ik

ty
du

on / ona / ono
he / se / dat

my
wi

vy
ji

oni
se

Kdo?
keen?

Co?
wat?

Jak?
woans?

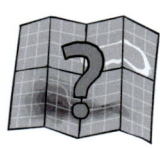

Kde?
woneem?

Kdy?
wannehr?

jméno
Naam

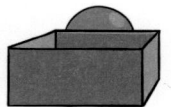

za
....
achter

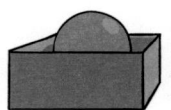

do
....
in

z
....
vör

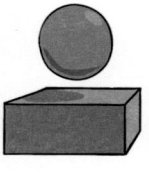

nad
....
över

na
....
op

mezi
....
ünner

vedle
....
blangen

mezi
....
twüschen

místo
....
Oort